매일 아침 직장인 필사북

나도 일잘러

작가 본연의 글맛을 살리기 위해

한글 맞춤법에 맞지 않는

일부 표현을 수정하지 않았습니다

나도 일잘러

이봉우 지음

마음세상

어른의 어휘력을 키우는 필사북

이 책은 필사북으로 직접 따라쓸 수 있도록 만들어졌습니다.

필사북 '나도 일잘러'는 이봉우 작가님의 '멈춤없는 실행력'의 내용 중 일부를 수록하여 만들어졌습니다.

직장인이라면 일잘러를 꿈꿀 것입니다. 업무 수행 능력이 높아지면 자신감도 높아지고 효율도 높아질 것입니다.

필사는 깊이 읽는 것입니다. 눈으로 보고 손으로 쓰는 독서는 당신의 삶에 깊이 스며들 수 있습니다.

당신도 직장에서 에이스가 될 수 있습니다. 퇴근보다 출근을 더 기다릴 수 있습니다. 책에서 힌트를 얻고 조금씩 실행하며 타인의 인정을 받을 수 있기를 기원합니다.

-필사북 기획

차례

일
하
는

재
미
에

빠
지
다

일은 인생을 살면서 같이 할 가장 친한 친구입니다.

일은 우리가 원하는 것을 아낌없이 주는 친구입니다.

일은 내가 원하는 것을 이루어주는 유일한 친구입니다.

뛰어난 실행력으로 깔끔하게 일을 처리하는 일잘러가

되어야 합니다.

　우리가 움직이고 행동한다면 새로운 것을 배울 수 있습니다.

　실제로 변화를 이루기 위해서는 행동이 필요합니다. 우리가 새로운 것을 배우고 성장하기 위해서는 움직여야 합니다. 행동을 통해 새로운 경험을 하고, 지식을 습득하며, 능력을 향상시킬 수 있습니다. 움직이면 많은 것을 알 수 있고, 문제를 해결할 수 있는 가능성이 있습니다. 움직임은 우리에게 새로운 경험과 인사이트를 제공합니다.

끝
까
지

해
낸

사
람
이

쓰
임

받
는
다

회사에서는 처음부터 끝까지 해 본 사람, 해 낸 사람을 더 선호합니다. 왜냐하면 그런 사람은 비록 어려운 과제에도 불구하고 도전하고 끈기 있게 문제를 해결하였다는 것을 믿기 때문입니다. 조직원이 어떤 과정을 끝까지 해냄으로써 얻은 경험과 이를 통한 조직원의 성장은 회사/조직에도 충분한 가치가 있습니다.

초반에　돌파하라

　무엇이든 과감하게 도전하는 것은 매우 중요합니다. 초반에는 저항감과 강한 스트레스를 느끼게 되는데 어떻게 하든 계속 두드려서 돌파구를 찾아야 합니다. 일잘러가 성과를 거둔 사례를 보면, 초반에는 다른 생각하지 않고 처음 마음을 유지하면서 적극적으로 미친듯이 일에 초집중한 경우입니다.

　모든 행동에는 일련의 단계가 있는데 중요한 것은 초반에 거침없이 과감하게 도전하고 적극적으로 행동해야 성과를 거둘 수 있고, 목표를 달성할 수 있음을 믿어야 합니다.

미
치
도
록

집
중
하
라

'미쳐야 한다'는 의미는 몸과 마음으로 미치는 것입니다. 우선 마음을 한 곳으로 집중할 수 있도록 해야 합니다. 마음이 흩어져 있으면 행동에 집중하기 어렵습니다. 마음을 집중시키기 위해서는 명확한 목표와 열정이 필요합니다. 목표를 설정하고 그에 대한 열정을 가져야 합니다. 좋아서 하는 일은 몸이 고단하고 피곤해도 스트레스를 받지 않지만, 하기 싫은 일을 억지로 하는 사람은 몸이 피곤하지 않아도 스트레스 받습니다.

거
짓

똑
똑
함
을

버
려
라

　'거짓 똑똑함'이 행동하지 않도록 만듭니다. 세상의 모
든 진리를 알 것 같은 착각 속에 대부분 살고 있어요. 초
등학고 고학년만 되어도 세상만사를 알고 있는 것처럼
살고 있어요. 넘쳐나는 정보로 굳이 기억하고 내재화하
지 않아도 원하는 정보에 쉽게 얻게 되면서 행동양식이
바뀌고 있습니다. 거짓 똑똑함에 빠져서 행동 없이 생각
만으로 비판하는 경향이 있습니다. 트렌드에 민감한 세
대로 유행에 뒤처지지 않기 위해 소비적 행동을 많이 합
니다. 기억할 것은 생산적 행동이 없으면 삶의 밸런싱은
무너집니다.

일을 할 때는 간단하게 단순하게 생각하는 훈련을 해
야 합니다. 다시 말해, 의사결정을 내릴 때에는 핵심적인
요소에 집중하고 복잡성을 최소화해야 합니다. 목표에
맞는 간결한 판단 기준을 설정하고 필요한 정보를 정리
해야 합니다. 이렇게 하면 다양한 선택지 속에서 시간을
낭비하는 것을 방지하고, 최고는 아니더라도 최적의 의
사결정을 내릴 수 있습니다.

일잘러는 고민만 하지 않고 완벽하게 일처리하기 위해 실행합니다.

완벽을 추구하다가 아무것도 못 하는 상황에 빠질 수 있습니다. 중요한 것은 완벽하지 않아도 일단 해보는 것입니다. 완벽하지 않을 수 있지만, 실제로 일을 시작하고 실행하는 과정에서 성장하고 발전할 수 있습니다. 실패와 비판은 성장의 기회입니다. 완벽한 계획을 세우려고 집중하지 말고 일을 진행하면서 필요한 부분을 바꿔가야 합니다. 원하는 결과를 얻는 경험을 쌓는 것이 중요합니다.

완벽을 추구하되 동시에 멈춤없는 실행 자세를 갖추는 것이 바람직합니다.

일잘러는 은근히 뻔뻔합니다. 실패를 두려워하기 보다는 도전하면서 방법을 터득하고 있습니다.

가볍게 시작하는 것이 좋습니다. 조금씩 시도해 보고, 실패하더라도 괜찮다는 마음가짐으로 시작해 보세요. 성공과 실패가 계속되는 시간을 배움의 기회로 여기면 됩니다.

처음부터 용맹한 사람이 있었나요? 두렵고 떨리는 마음은 모두 같았을 것이나, 상황을 겪으면서 몸에 익숙해지고 어쩌면 습관화되면서 두려움을 이겨냈을 것입니다.

성공의 반대말은 실패가 아니라 포기다

실패는 성공의 반대가 아니라 성공으로 가는 필수 코스입니다. 오히려 성공의 반대말은 포기입니다. 도전과 실패를 경험하면서 배우고 성장해야 합니다. 일잘러는 실패를 두려워하지 않습니다. 실패를 두려워하지 않아야 새로운 아이디어를 시도할 수 있고 혁신적인 변화를 끌어내는 역할을 맡을 수 있습니다. 따라서, 나쁜 역할을 하고 싶지 않다는 이상한 생각을 하지 말고, 조직에서 할 만한 일에 도전하고 실행에 참여하는 자세를 가져야 합니다.

과
감
하
게

자
리
를

박
차
고

일
어
나
면

변
화
가

시
작
된
다

　과감하게 자리를 박차고 일어나면 변화가 시작됩니다. 움직이지 않으면 변화도 일어나지 않습니다. 주저하면서 행동하지 않으면 변화가 없습니다. 자신의 편견과 두려움을 극복하고 새로운 도전해야 합니다. 변화하기는 당장 어렵고 불편하고 불안할 수 있지만, 이것이 우리가 성장하고 발전하는 방법입니다. 자신에게 도전하고 새로운 시도를 하면 자신의 역량을 발견하고 성취감을 느낄 수 있습니다.

실
행

총
량
의

법
칙

실행 총량의 법칙이 있습니다. 계속 하지 않고 망설이다가 어느 순간 욱해서 실행하는 경우가 있는데요. 잘못된 결정을 할 때가 많습니다. 무엇을 할지, 어떻게 할지 고민만 하다가 좋은 기회를 놓치지 말고 선택권을 주는 시간을 활용하여 좋은 결과를 가져올 수 있도록 실행하길 바랍니다.

과정을 거쳐야 결과가 나옵니다. 무조건적인 실행이 정답은 아니지만, 생각만 하고 혼자 방구석에서 공상만 한다면 게으른 변명쟁이가 됩니다. 해보고 느끼고 또 해보면서 조금씩 자신감을 가져가는 것입니다. 한번 가본 길은 어렵지 않습니다. 두렵지 않습니다. 다만 귀찮을 수 있으나, 이것은 뚜렷한 목표와 소망이 끝까지 끌고 갈 것입니다.

자신의 노력에 대한 가치를 스스로 인정하고, 노력을 통해 반드시 결과를 얻을 수 있다는 확신을 가져야 합니다. 노력을 통해 어떤 것이든 가능하다는 자신감을 가져야 합니다.

"우리에겐 초능력자 DNA가 있어요. 쓰지 않으면 아까운 능력입니다."

자신의 노력과 열정을 통해 어떤 문제든지 해결할 수 있다는 확신을 갖고 노력을 게을리하지 않아야 합니다.

문
제
를

바
로

알
아
보
는

훈
련

원인을 모르면 해결책을 찾을 수 없습니다. 따라서 문제를 바로 알아보는 훈련이 필요하며, 평소에 데이터 관리와 모니터링을 해야 합니다. 예상되는 위험 상황에 대비하기 위한 시뮬레이션도 해봐야 합니다. 원인을 알고 있다 해도 해결책을 모르는 경우도 있습니다. 해결을 위해 어떤 접근 방식이 적절한지 고민해야 합니다. 의사가 환자를 치료하는 방법은 다양합니다. 그러나 효과성과 효율성이 중요합니다. 맞다 틀린다를 떠나서 가능한 문제 해결책을 찾아서 시도하면 문제는 분명히 개선될 수 있습니다.

해결책을 모를 수도 있어요. 이를 대비하기 위해서는 평소에 공부를 많이 하고 대비책을 마련해야 합니다. 모르는 문제는 해결할 수도 없고 모르는 상태에서는 적절한 대응도 할 수 없습니다.

상
호

이
해
를

통
해

협
력
을

강
화
하
라

사람과 사람이 함께 조화롭게 살아가기 위해 상호 간 이해가 필요합니다. 서로를 이해하고 배려하는 마음으로 대화하고 협력하면 조화로운 사회를 구축할 수 있습니다. 상호 이해는 갈등을 예방하고 협력을 강화하는 토대가 되므로 우리는 꾸준히 노력을 기울여야 합니다.

'과제화
한다'
의

의
미

'과제화 한다'는 말은 일의 시작부터 끝까지 체계적으로 관리한다는 뜻입니다. 중간에 진행점검도 하고 이해관계자의 의견도 반영하고 공동의 목표를 위해 체계적으로 관리한다는 뜻입니다. 최근에는 프로젝트 관리에 대한 도메인 지식이 집대성되고 연구도 활발히 되고 있습니다. 프로젝트관리는 공학적으로 접근이 가능합니다. 측정되고 관리되고 검증되는 일련의 절차를 통해 좋은 결과를 얻을 수 있습니다.

실
천
을

방
해
하
는

것
은

모
두

없
애
라

실천의 걸림돌을 없애야 합니다. 실천을 주저하게 하는 장애물/걸림돌을 뛰어넘기 위해서는 빨리 움직이는 것이 중요합니다. 생각을 더 하면 계획을 잘 세울 것 같지만, 실행이 늦게 되면서 하지 않을 핑계거리를 찾게 됩니다.

일에는 대소완급이 있습니다. 크거나 작은 일, 급하거나 급하지 않는 등 일의 성격을 확인하고 실행전략을 수립해야 합니다. 급하고 큰일이면 바로 해결해야 하고, 급하지 않은 작은 일을 굳이 빨리 처리할 필요가 없습니다.

준
비
하
면

빨
라
진
다

준비는 실행을 빠르게 할 수 있는 핵심적인 요소입니
다. 마치 운동하기 전에 몸을 푸는 것과 같으며, 충분히
준비하지 않으면 근육에 부담이 되고 부상 위험이 커집
니다.

얼마 전 탁구를 시작했을 때, 탁구를 빨리 치고 싶은
마음에 준비운동(스트레칭) 없이 바로 플레이 하다가
다리 쪽 근육이 당겨져 운동을 제대로 할 수 없었던 적이
있습니다. 이후로는 충분한 스트레칭을 통해 몸을 풀고
있는데요. 이렇듯 준비운동은 근육이 놀라지 않게 하여
부상을 예방합니다.

철
저
한

준
비

철저한 준비는 실행을 원활하게 하고, 위험을 최소화하는 데에 큰 역할을 합니다. 우리는 상황에 맞게 적절히 준비하는 습관을 갖도록 해야 합니다. 준비를 통해 우리는 빠르게 움직일 수 있고 보다 좋은 결과를 얻을 수 있으며, 미래에 대비하여 안정적인 발전을 이룰 수 있습니다.

유형별로 묶어서 한꺼번에 처리한다

일을 함께 처리하면 시간을 효율적으로 활용할 수 있으며, 유형별로 같은 일을 묶어서 처리하면 신속하게 진행할 수 있습니다. 실행하기 전에는 할 일 Pool을 체계적으로 관리하는 것이 좋습니다. 이러한 준비 과정을 통해 할 일을 성공적으로 진행할 수 있습니다.

에
코
시
스
템
을

확
보
하
라

　　"에코"라는 말은 포근하고 안전한 상태를 의미합니다. 외부 간섭으로부터 자신을 보호하고 안전한 상태를 유지하는 것을 말하는데, 일의 진행을 원활하게 해주는 동력입니다. 대표적으로 비유되는 것은 엄마 품속입니다. 실행 중에 문제가 발생하면 직접 해결하는 지원체계가 있다면 안정감이 있고 좋습니다.

용
기
를

주
는

사
람
이

최
고
다

자신이 흔들릴 때 바로 잡아주고 용기를 줄 수 있는 사람이 최고입니다. 그런 지지와 응원은 큰 힘이 될 것입니다. 당신 능력을 믿고 이뤄 나갈 수 있도록 도와주는 사람은 큰 보탬이 될 것입니다. 그들이 함께하는 동안은 어떤 어려움이라도 이겨낼 수 있습니다. 일잘러와 함께 일할 기회가 있다면 주저 없이 바로 손을 들어야 합니다.

끈
기
있
게

끝
까
지

반
복
하
기

위
해
서
는

체
력
이

필
요
하
다

실행을 위해서는 체력이 중요한 역할을 합니다. 운동도 체력이 있어야 실력이 늘 수 있습니다. 체력이 뒷받침되지 않으면 계획을 세웠더라도 끝까지 실천할 수 없습니다. 어떤 일이든 결론을 얻을 때까지 끈기 있게 끌고 가는 힘(반복의 힘)이 필요하며 단순히 신체적인 체력뿐만 아니라 정신적인 각오와 결단력이 필요합니다.

일
잘
러
는

맹
수
와

같
다

    일잘러는 미울 정도로 체력도 좋고, 정신력도 좋습니다. 한번 물면 놓지 않은 맹수와 같습니다.

    어떤 일을 할 때는 다양한 어려움에도 끝까지 밀고 나가야 하고, 끈기와 근성으로 장애물을 극복하겠다는 마음가짐으로 목표를 향해 나아가야 합니다.

끝
까
지

밀
고

나
가
는

마
음
가
짐

끝까지 밀고 나가는 마음가짐은 성취감과 성공을 끌어낼 수 있는 중요한 요소입니다. 어려움을 마주하더라도 포기하지 않고 최선을 다해 노력하면, 우리는 자기 능력과 가능성을 더욱 향상할 수 있고 우리는 목표를 달성하고 성취감을 느낄 수 있습니다.

자
세
는

정
확
하
게

배
워
야

한
다

　　새로운 운동을 시작할 때는 자세를 정확히 배우는 것
이 중요합니다.

　　모든 운동에서 자세가 중요하고, 또한 올바른 자세로
운동하지 않으면 예상치 못한 부상을 입을 수 있습니다.
운동은 관절과 근육을 사용하기 때문에 잘못된 자세는
특정 부위에 부담을 줄 수 있으며, 잠깐은 괜찮으나 부적
절한 자세로 장시간 지속할 경우 부상의 우려가 큽니다.

학습되어 습관된 행동양식

어떤 일을 시작하기 전에는 올바른 자세를 취하는 것이 중요합니다. 공부할 때는 자료 수집하고 분류하는 것부터 시작하며, 업무를 수행할 때도 상황을 파악하고 문제를 식별하는 것부터 시작합니다. 어떤 일을 할 때는 기본적으로 몸에 밴 습관을 활용하게 됩니다. 어려운 문제라도 해석하고 분석하여 결과를 도출하는 과정에서 어떻게 처리하는지는 평소에 학습되어 습관된 행동양식에 영향을 받습니다. 좋은 자세에 대해서는 코칭을 받거나 롤모델을 따라 해야 합니다.

결심하라 그리고 실행하라

결심만으로 시작할 수 있습니다. 결심하면 모든 것으로부터 영향을 받지 않고 시작할 수 있습니다. 결심했다는 것은 하기로 했다는 강한 의지로 실행 추진력을 갖게 됩니다. 힘들어도 버텨보겠다는 마음으로 시작할 수 있어요. 물론 결심이 없어도 할 수 있지만, 결심하면 90% 이상은 이미 성공한 것으로 볼 수 있습니다. 우리나라 사람은 먹는 것에 진심이어서 마음도 먹습니다. 마음을 먹으면 해 낼 수 있습니다.

결심은 준비가 완료된 상태다

결심한다는 것은 준비 상태가 완료되었다는 의미입니다. 우선 결심을 통해 시작하고 충분히 준비하고 행동에 옮겨야 합니다. 일잘러는 결심을 할 때 꼭 한 번 확인하는 것이 있습니다. 그것은 목표입니다. 무엇을 해야 하는지 우선 파악하고 어떻게 할 것인지 결심을 하는 것입니다. 막연한 결심은 절대로 결과물을 만들어내지 못합니다.

기업가 정신은 열심히 일하며 죽기 살기로 노력하는 것
을 의미합니다.

일
잘
러
는

열
심
히

일
한
다

열심히 일하고 노력하는 자세는 어떤 분야에서든지 좋은 성과를 끌어내는 데 도움이 될 것입니다. 열심히 하는 사람은 멋있어 보입니다. 때로는 선후배를 떠나서 존경스럽기도 합니다.

긍정이고 좋은 것만 생각하기

새로운 일을 시작하기 전에는 좋은 징조와 나쁜 징조를 주의 깊게 살펴봐야 합니다. 우리는 주변의 변화에 민감하게 반응하는 경향이 있는데 만약에 좋은 징조가 있다면 우리는 힘을 얻을 수 있습니다. 새로운 일을 시작하는 데 긍정적인 에너지를 얻을 수 있습니다. 그러나 나쁜 징조가 있다면 우리는 기분이 좋지 않습니다. 애매한 두 가지 선택 질문에서 선택을 할 때는 될 수 있으면 좋은것을 선택해야 합니다. 굳이 부정적인 내용을 고려할 필요 없습니다. 결심하고 실천하여 올바른 결론을 얻도록 노력하면 됩니다.

일잘러는 합리적 낙관론자이다

일잘러는 합리적 낙관론자입니다. 부정적인 말은 하지 않습니다. 일이 될 수 있는 조건을 언급하면서 어떻게든 일이 잘될 거라는 의견을 냅니다. 어려운 프로젝트에서는 거짓 긍정으로 망칠 수 있지만, 사업 초기에는 '~하겠다'라는 멘트는 거짓말이 아니라, 의지이고 다짐이고 결심입니다. 나중에 일이 진행되면서 어려운 부분이 나오면 그때 다시 논의하고 방향성을 잡으면 됩니다. 절대로 처음부터 부정적인 의견을 내서는 안 됩니다.

긍정적으로 시작하자

긍정적으로 시작한 일을 기분 좋게 열심히 진행하면 됩니다. 세상에는 정답이 없습니다. 당장 시작하고 조금씩 조정하며 앞으로 나아가는 것이 중요합니다. 북극성은 항상 변하지 않는 고정된 위치에 있기 때문에 우리가 잠시 길을 잃더라도 나침반을 이용하여 방향을 찾고 다시 나아갈 수 있습니다.

회사는 크고 작음을 떠나서 자선단체가 아니고 이익을 내야만 살 수 있는 이익단체(법인)입니다. 따라서 회사에서 일하는 회사원은 성과를 내고 월급을 받아야 합니다. 일명, 밥값을 하는 것입니다. 보통 회사에서 주어지는 일은 기본적으로 문제를 해결하거나, 문제를 예방하는 활동입니다. 회사생활은 문제를 해결 중심으로 실행해야 합니다. 문제를 해결하는 자는 남을 것이고 해결하지 못하는 자는 떠날 것입니다.

벤
치
마
킹
:
비
교
하
라

문제 해결을 위해서 우선 해볼 수 있는 것은 비교해 보는 것입니다. 문제 해결하는 방법을 빨리 찾으면 몸과 마음이 한결 편안해지기 때문에 남들과 비교해서 더 나은 해결책(절차 단순화, 비용 최소화 등)을 찾아야 합니다. 평소에 하던 대로 빠르게 처리하는 것이 좋다고 생각할 수 있지만, 처리 절차를 단순화하여 불필요한 단계를 제거할 수 있다면 그만큼 시간을 절약할 수 있고, 다른 일을 더 할 수 있습니다.

일
잘
러
는

열
등
감
도

에
너
지
로

바
꾼
다

일잘러는 열등감을 잘 관리하고 에너지화 합니다.

열등감이 열등감으로 끝나면 낙오자입니다. 열등감을 가지고 있는 사람은 다른 사람보다 현실을 극복하기 위한 인내력이 높습니다. 당장 넘어서야 할 대상이 눈앞에 있으니 더 속도감있게 실행할 수 있습니다. 성공 이후 열등감이 자만심이 되면 안 됩니다. 선한 목적을 가지고 자기 성장을 도모해야 합니다.

비
교
하
여

해
결
책
을

찾
아
라

　　"벤치마킹 (비교하라)"를 활용하는 구체적인 문제해결 방법은 상황, 해결책, 목표, 효과를 비교하는 것입니다. 비슷한 상황이나 문제에 대해 다양한 해결책을 고려하며 장단점을 비교합니다. 개인적인 강점과 약점을 고려하여 목표달성에 적합한 방법을 찾아서 평가합니다.

유일한 해결방법 : 시행착오

결정이 정확하기 않을 때는 진행하면서 조정하는 것이 맞습니다. 주어진 시간 내에서 최대한 효율적인 선택을 하는 것이 중요합니다. 만약 잘못된 결정을 내렸다면 빠르게 조정하고 다시 시도함으로써 반복 작업을 최소화하여 실수를 줄일 수 있습니다. 시도하지 않으면 아무 일도 일어나지 않습니다.

일
잘
러
는

행
동
파
이
다

    일잘러는 은근히 행동파이면서 사고능력이 뛰어납니다. 문제해결 관점에서 모든 것을 바라봅니다. 어떤 원인으로 이슈가 발생하였고 어떻게 해야 문제를 해결할 수 있는지 바로 적용을 해보는 적극성이 있습니다.

일
잘
러
는

완
벽
을

위
해
서
는

무
한
반
복
한
다

최종 보고서는 초안부터 수많은 수정본을 거쳐 완성됩니다. 처음부터 완성본을 걱정하면서 보고서를 만들 필요가 없습니다. 초안 수준에서 이해관계자의 의견을 받아서 지속해서 수정하면 됩니다. 일잘러는 여러 번 반복 작업하는 것에 대한 거부감이 없습니다. 믭도록 즐기기도 합니다.

듣
고

이
해
하
고

지
시
해
라

먼저 듣고 이해하려고 노력해야 합니다. 무턱대고 실행해도 어느 정도 해결될 수 있지만, 그 문제 해결 과정이 오래 걸릴 수 있습니다. 모르는 영역에서는 먼저 듣고 상황을 파악하는 것이 우선입니다. 앞에서 언급한 것처럼 주변을 모르면 불안하여 쉽게 행동할 수 없습니다. 내용 파악이 되어야 에코시스템을 만들 수 있습니다.

일
잘
러
는

오
감
을

활
용
하
여

이
해
한
다

일잘러는 보고 이해하고 듣고 이해해야 합니다. 시각적인 정보를 통해서도 알 수 있지만, 아직 표현되지 않은 부분이 있을 수 있으므로 꼭 물어보고 들어봐야 합니다. 직접 질문을 하거나, 잘 작성된 문서를 꼼꼼히 읽어 내용을 명확히 이해해야 합니다.

생각하고 행동에 옮겨라

생각없는 행동은 망하기 쉽습니다. 요즘 말로 폭망입니다. 생존을 위협받는 급박한 상황에서는 생각 없이 즉시 행동해야 하지만 대부분의 행동에는 생각이 필요합니다. 어떤 것을 해야 하는지에 대한 고민이 있어야 합니다.

'계획이 없으면, 동그라미 그리려다 오빠 얼굴 그립니다.'

생각 없는 행동은 결과가 미흡하여 품질이 낮습니다. 누구나 동일한 시간을 투자하고 더 많은 결과를 얻고자 하고, 누구나 중요한 일에는 허투로 행동하지 않기 때문에 생각 없이 행동하면 경쟁자와 비교해서 그냥 그런 결과물이 나옵니다. 전략적으로 행동하는 사람과 비교해서 성과에서 품질 차이가 나타날 수밖에 없습니다.

결과예측을 해서 효과적으로 목표달성한다

업무, 공부, 취미 생활에서도 가끔은 행동하기 전에 충분히 생각해 보고, 미리 계획을 세우고 결과를 예측해 보는 것입니다. 이를 통해 효과적으로 시간을 활용하고 원하는 목표를 달성할 수 있습니다.

'어떻게 되겠지'라는 마음으로 무엇인가를 하는 것은
좋지 않습니다. 필자 역시 세밀한 계획을 세우고 실천하
는 스타일은 아니지만, 급한 의사결정이 필요한 경우에
는 명확하게 누가 무엇을 해야 하는지 설정하고 지시합
니다.

동
기
는

부
여
하
는

것
이
지

받
는

것
이

아
니
다

꼬집어서 이야기하지 않으면 지켜지지 않을 확률이 높습니다. 누가 무엇을 언제까지 해야 하는지 명확하게 알려주고, 그 기준에 따라 점검해야 합니다. 이 부분은 자기 자신에게도 해당합니다. 무의미하게 시간을 보내지 말고 무엇을 해야 할지 결정하고 움직이는 것입니다. 가끔은 자신에게 선언적인 말로 동기를 부여해야 합니다. 동기는 부여하는 것이지 받는 것이 아닙니다. "오늘은 이걸 할 거야." 또는 "오늘은 이것은 꼭 할 거야."와 같이 자기 자신에게 명확하게 선언하는 것이 중요합니다. 옛지 있는 태도로 말하지 않으면 결코 성취감을 느낄 수 없을 것입니다.

어찌됐든 앞으로 가게 해라

총알은 앞으로만 나가면 됩니다. 과녁을 맞힐 수 있다면 좋겠지만, 실력이 부족하다면 전방에 있는 적을 향해 총을 쏘는 것으로 충분합니다. 중요한 것은 전진하는 것이며, 앞으로 나아가는 것입니다.

무엇인가 미리 알고 진행하는 사람은 없습니다. 물론 일부 사람은 한 두 수를 내다보고 실행하는 경우도 있지만, 예상치 못한 일이 수시로 발생합니다. 그럴 때도 어떻게 되든 앞으로 나아가야 합니다.

'어떻게 할 것인가'는 우리가 많이 고민하며 던지는 질문입니다. 우리는 최적의 답안을 찾기 위해 노력하고, 가능한 한 적은 노력으로 최대한의 이익을 얻을 수 있는 방법을 찾기 원합니다. 이는 인류가 진화해 오면서 가성비를 중시하며 이어져 왔기 때문입니다. 그러나 현실을 돌아보면 큰 차이가 없다는 사실을 알게 됩니다. 어떤 일이든 우리가 처음 계획한 대로 진행되는 경우는 거의 없습니다. 우리는 목표를 향해 지속해서 튜닝하면서 나아가는 것이고, 장애물을 만나면 때로는 포기하기도 하지만 극복하여 전진하기도 합니다.

일잘러는 절대로 길을 잃지 않는다

일잘러는 절대로 길을 잃어 버리지 않습니다.

앞으로 나아가는 방향이 중요합니다. 우리가 전진하는 것은 진행이 된다는 의미입니다. 때로는 멈춰서 생각하는 것도 괜찮습니다. 그러나 뒤로 물러서는 것은 바람직하지 않습니다. 일단 앞으로 나아가야 합니다. 큰 방향이 맞는다면 앞으로 나아가면서 생각하고 조처를 해야 합니다.

고민과 행동을 조화롭게 하라

우리는 고민과 행동을 균형 있게 조화시켜야 합니다. 고민을 통해 문제를 분석하고 해결책을 모색하되, 너무 오랜 시간을 허비하지 말고 결정을 내리고 행동에 옮기는 것이 중요합니다. 이렇게 하면 우리는 원하는 목표에 더 가까워질 것입니다.

겸손하게 새로운 것을 배우는 삶의 자세

처음부터 안 되는 것을 예상하는 사람은 없습니다. 동네 치킨집이 개업할 때 망할 것을 예상하고 시작하는 사람은 없습니다. 그런데 대부분 문을 닫습니다. 여러 가지 이유가 있겠지만, 잘되도록 유지하지 않았기 때문입니다. 처음에 잘 나가다가 인기가 떨어지는 연예인에게도 해당하고 조직 내에서 승승장구하다 슬럼프에 빠지는 회사원에게도 해당합니다.

겸손한 자세를 유지하고 새로운 것을 항상 배운다는 삶의 자세로 살아야 하는 이유입니다.

초
심
을

잃
지

않
기

흔들림에서 균형이 무너집니다. 처음 마음이 약해지거나 없어지면 방향을 잃게 됩니다. 자신이 처음에 시작했던 동기가 사라지는 순간에 꿈도 실행도 사라지게 됩니다.

문제의 근원 : 학습 / 실천부족

문제는 앞에서 일관되게 말했듯이 생각만 하고 실천하지 않아서 생기는 것입니다. 문제가 발생하면, 문제 해결 노력(실천)을 하면 해결될 수 있습니다. 적어도 문제를 해결하겠다는 마음가짐과 태도를 가지고 꾸준히 문제를 처리하다 보면 문제가 조금씩 해결되면서 일에 대한 스트레스는 줄어들 것입니다.

일
잘
러
는

문
제
해
결
을

위
한

고
민
과

조
치
를

한
다.

    일잘러는 문제가 생겼을 때, 해결하기 위한 고민과 실질적인 조치를 취합니다. 고민하고 걱정만 하는 것은 바람직하지 않고 문제의 본질을 파악하여 가능한 해결책을 찾아내는 것입니다.

    우리는 머리만 커져 버리고 멈춰버린 행동 인자를 깨워야 합니다. 생각만 해서는 아무것도 이룰 수 없습니다.

문제는 생각보다 움직임으로 해결된다

문제는 생각만으로 해결되지 않습니다. 우리는 문제를 인식하고, 움직임을 통해 해결책을 찾아내며, 지속적인 학습과 발전을 통해 미래의 문제를 예방해야 합니다.

자기 성공담을 이야기하라

남의 성공담을 그냥 무미건조하게 퍼나르는 사람이 있습니다. 이런 사람은 누가 그걸 해보니 좋다든지, 하면 안 된다든지 다분히 누구의 의견을 전달만 합니다. 즉, 이러한 태도는 생산성이 절대적으로 제로입니다.

경험 소유자는 신뢰를 받는다

우리는 자기 경험을 통해 진실성과 신뢰성을 보여줘야 합니다. 다른 사람에게 도움을 주고자 한다면, 직접적인 경험과 체험을 통해 얻은 지식과 통찰력을 전달해야 합니다. 결과에 도움이 된다면 우리는 더욱 신뢰할 수 있는 리더와 조언자로 인정받을 수 있습니다.

앞
뒤

보
지

마
라

이왕 하기로 했으면, 끝까지 해야 합니다. 뒤돌아보지

말고 앞만 보고 가야 합니다. 모든 일은 처음에는 힘듭니

다. 만약 쉬운 일이었다면 모두가 성공했을 것입니다.

가끔은 정신이 없어야 한다

어떤 일이 끝나고 나면 생각보다 많은 일을 했다는 생각이 들 때가 있습니다. 이런 현상에 대해 과학적 근거가 필요하지만, 경험상으로는 어떤 일에 몰입할 때는 주변의 변화에 민감하게 반응하지 않는다는 것을 알 수 있습니다. 예를 들어, 고속으로 주행할 때는 주변의 사물들이 멈춰있는 것처럼 보이고 터널 속에서 고속으로 주행할 때는 출구 쪽으로 초점이 집중되는 것을 느낄 수 있습니다.

일
잘
러
는

몰
입
의

왕
이
다

　　몰입은 자발적이든 타인의 요청이든 상관없습니다. 우리의 뇌는 구별을 하지 못합니다. 이제라도 몰입하여 뇌가 최대한 열심히 일하도록 해야 합니다. 때로는 일단 일을 시작하고 진행해 보는 것도 고려해야 합니다. 어떤 상황이든 수습이 가능한 것이 이 세상의 일입니다. 일잘러는 몰입의 왕입니다.

실행에 의미를 부여하라

의미는 일을 끝내기 위한 지속 지렛대입니다. 의미가 없는 일은 오래 할 수 없고, 의미가 충분히 부여된 일이라면 끝까지 할 수 있습니다. 명분이 있으면 쿠데타도 용납이 되듯이, 정치에서는 명분이 매우 중요합니다. 스스로 의미 부여가 가능하면 내적 동기가 충분한 것이고, 타인으로부터 받은 의미 부여는 외적 동기가 됩니다. 어떤 형태의 동기이든 중요성은 동일합니다. 동기는 부여하는 것입니다. 누가 주는 것이 아니라 스스로 자신에게 부여하는 것입니다. 동기를 뒤집으면 기동이 됩니다. 즉, 움직여야 한다는 것입니다.

지렛대도 활용하기 나름

지렛대는 잘 활용하면 도움이 되지만, 잘못 사용하면 지렛대가 부러져 더 큰 상처를 입을 수 있습니다. 적절한 의미를 부여하기 위해서는 균형을 잡아야 합니다. 지나치게 큰 의미를 부여하면 무리하게 일을 해야 하고, 지나치게 작게 의미를 부여하면 일의 가치를 인정받지 못합니다.

일잘러는 자기 페이스를 유지한다

일잘러는 일을 할 때도 자신의 페이스를 유지합니다. 무작정 서두르지 않고 자신의 페이스를 유지하면서 의미 있는 일을 합니다. 의미를 찾고 의미에 따라 행동하면, 우리의 노력과 결과에 더 큰 가치를 더할 수 있습니다.

속도가 빨라지면 초점이 뚜렷해집니다. 운전할 때 천천히 가면 우리는 주변을 더 자세히 관찰할 수 있습니다. 시속 80km/h까지는 여유가 있지만, 그 이상으로 속도를 높이면 전방에 더 집중해야 합니다. 그 이유는 생명의 위협을 느끼기 때문에 상황에 대처할 수 없다는 불안감으로 시선을 전방으로 고정하고 운전하게 됩니다. 또한, 속도가 점점 빨라지면 우리는 주시해야 할 대상에 초집중하게 됩니다.

우선순위를 정하는 것도 능력

마감이 점점 가까워지면 여유를 부리지 않아야 합니다. 마감 목표 일정을 맞추기 위해서는 집중해야 합니다. 남은 시간을 고려하고 우선순위를 정하여 목표 달성하기 위해 집중해야 합니다. 이렇게 집중하여 일을 완수하게 되면 성취감을 느낄 수 있고, 만족감을 누릴 수 있습니다.

일
잘
러
는

나
침
반
을

갖
고

있
다

우리가 사는 사회에는 일관성이 없습니다. 항상 환경이 변하고 목적이 변하며, 고정된 값 없이 모든 것이 항상 변화합니다. 이러한 상황에서 어떤 일을 할 때는 무엇이 중요하고 무엇을 해야 하는지 계속해서 생각해야 합니다. 일종의 나침반으로서 역할 할 수 있는 업무의 가치와 원칙을 세우는 것이 중요합니다. 이를 통해 시장과 기술, 내부 상황에 따라 변화하면서도 일관성을 유지할 수 있습니다. 변화에 대응하는 것이 중요하며, 그에 따라 우리는 유연성과 적응력을 갖추어야 합니다. 일잘러는 나침반을 갖고 있습니다.

변화에 대한 유연한 대처

우리는 길을 잃거나 방향을 잡기 어려운 상황에서도 항상 목표와 방향을 잃지 않고 변화에 유연하게 대응해야 합니다.

일잘러는 필요한 모든 것을 공유한다

일잘러는 업무 목표, 일정, 계획을 공유합니다. 이를 통해 같은 목표를 갖고 일하도록 환경을 조성합니다. 혼자 하지 않고 여럿이 함께하는 일이라면 반드시 계획이 있어야 합니다. 회사는 소꿉장난이 아니고 이익을 내는 집단이기 때문입니다.

끝
까
지

끌
고
가
라

　　'초심을 잃지 말고 끝까지 노력해야 한다'는 말이 있습
니다. 사람은 기본적으로 일관성 있고 성실하게 살기 위
해 노력합니다. 초심을 잃지 않는 것은 처음 마음먹은 것
을 유지하는 것을 의미하는데요 어떤 일을 할 때 끝까지
이끌어가는 힘입니다.

빠른 움직임과 판단

빠른 움직임은 더 좋은 결과를 가져올 수 있습니다. 하지만 직선으로 그은 볼펜 선에도 자세히 들여다 보면 작은 굴곡이 있듯이 변화가 존재합니다. 주변의 변화를 감지하고 자신의 목표를 조금씩 조정하며 진행해야 합니다. 목표 달성을 위해 큰 영향이 없다면 약간의 변화를 줘야 하지만 예상치 못한 변화 때문에서 처음 설정된 목표가 의미가 없어졌다면 그 과제를 포기할 용기도 필요합니다.

일
잘
러
는

초
심
을

지
키
되,

상
황
에

유
연
하
다

인성적인 측면이나 도덕적인 부분에서도 양보하지 않고 끝까지 초심을 유지해야 하지만, 실행 관점에서는 주변의 변화에 따라 유연하게 조정할 수 있는 유연함도 있어야 합니다. 일잘러는 초심을 잃지 않으면서도 주변 변화에 유연하게 대처할 수 있는 능력을 갖추고 있습니다.

결
과
는

끝
에

나
온
다

결과는 마지막에 도출되는 것입니다. '숭늉을 우물에서 찾는다'라는 속담은 시간과 장소에 맞지 않는 접근을 비판하는 말로, 과정을 거쳐야 결과가 나타나는 것을 의미하나 대부분의 사람은 결과를 빨리 보고 싶어 하는 심리를 가지고 있습니다.

우리 뇌는 에너지를 관리하기 위해서 어려운 과정을 싫어하고, 빠른 결과를 원하는 욕구가 있습니다.

계획대로 하면 일은 잘 끝난다

　우리는 어렵고 귀찮은 과정은 빨리 끝내고 싶고, 즐거운 과정은 오래 계속하고 싶어 합니다. 일을 자발적으로 진행했는지, 외부의 압력에 의해 진행했는지에 따라 약간의 차이가 있을 수 있으나, 대부분 계획대로 일을 하면 성공적으로 마무리할 수 있습니다.

힘들어도 과정 속에서 배울 수 있는 일이 약이다

결과는 마지막에 도출됩니다. 일을 시작했다면 빨리 끝내려는 욕구보다는 과정을 성실히 음미하고, 좋은 과정을 거치기 위해 철저히 준비해야 합니다. 보통 사람은 일을 시작하기를 꺼리고, 시작한 일도 빨리 끝내려고 합니다. 또는 빨리 끝낼 수 있는 일을 선택하려고 합니다. 그러나 긴 호흡으로 어려운 과정에 참여하여 까다로운 일을 직접 처리하면서 더 성장할 수 있도록 해야 합니다.

실
행
은

그
냥

하
는

거
다

실행할 때는 그냥 하는 것입니다 (Just do it). 생각하고 결정하는 것이 아니라, 그냥 진행하는 것입니다. 너무 많은 고민과 의문을 품으면 결정을 내리기 어렵습니다. 그러나 그냥 실행에 올인하면 뇌는 더 빠르게 움직이게 됩니다. 숙달이 되어 습관화가 된다면 뇌는 적은 에너지로도 충분히 해낼 수 있습니다.

생각과 행동은 상호보완적이다

생각이 먼저인지, 행동이 먼저인지에 대해서는 특별한 우선순위는 없습니다. 생각을 먼저 하는 것은 효과적인 방법을 찾는 과정으로 볼 수 있고, 행동은 불가능한 목표를 달성하기 위한 과정입니다. 무엇이 중요한가보다는 두 가지 요소가 상호보완적인 관계에 있습니다.

일
잘
러
는

선
언
한
다

일잘러는 일단 선언하고 봅니다. 선언하는 것도 행동입니다.

그냥 하는 것입니다. 깊은 의미를 찾는 것이 아니라, 매뉴얼대로, 계획대로, 지시대로, 또는 본인이 결정한 대로 쭉쭉 나아가는 것입니다.

그냥 하는 것이 가장 효과적입니다. 지금 하세요.

기
회
도

방
치
하
면

위
기
가

된
다

모든 것이 원활하게 진행되고, 잘 유지될 것 같을 때에
도 조심해야 합니다. "위기는 기회"라는 말이 있지만, 실
제로는 기회라고 해도 방치하면 위기가 될 수 있습니다.
달리고 있는 자전거는 적당히 페달만 굴리면 넘어지지
않습니다. 우리도 위험에 빠지지 않도록 지속적으로 실
행과 관리를 해야 합니다.

위험관리 :

손해를 줄여라

일이 잘 진행되지 않을 때 노출된 위험에서 탈출해야 합니다. 위험이 발생하지 않도록 하는 것이 가장 좋지만, 위험은 항상 예측이 불가능하고, 생각만큼 얌전한 존재가 아닙니다.

쉬어가는 것도 전략이다

더 이상 지속할 수 없는 불가항력적인 상황이 발생할

때는 쉬어가는 것도 나쁘지 않은 전략입니다. 휴식을 취

하면서 잠시 돌아보는 시간을 갖는 전략입니다.

변
화
관
리

:

점
검
하
고

튜
닝
하
라

세상에 변하지 않는 것이 있을까요? 모든 것은 변하게 되어 있습니다. 처음에 세웠던 계획은 상황에 따라 변경할 수밖에 없습니다. 처음 마음으로 일을 일관되게 진행하는 것도 좋으나, 외부/내부 요인으로 큰 변화가 있을 때에는 관리를 해야 합니다. 즉, 변화에 민감하게 반응하여 변경 시기를 놓치지 않도록 해야 합니다.

일
의

성
공
을

위
한

변
화
관
리

변화 관리는 일의 성공을 좌우합니다. 실패해도 그 속

에서 의미를 찾으면 다시 시작할 힘을 얻을 수 있지만, 실

망하여 체념하고 포기한다면 완전히 실패한 것입니다.

일잘러는 잠깐 멈춤에 능하다

과거는 오늘을 살게 하는 힘이 됩니다. 리뷰를 통해 자신을 돌아보는 시간은 좋은 기회이며, 지금까지 해온 일을 돌아보면서 더 나은 선택을 할 수 있습니다. 앞만 보지 말고 가끔은 뒤도 돌아보고 옆도 살피는 여유를 가지는 것이 좋습니다. 일잘러는 잠깐 멈춤에 능합니다. 가끔씩 뒤돌아보며 부족한 부분을 챙깁니다.

신
념
:
끝
까
지

버
텨
라

신념은 우리 삶에서 큰 의미를 가지며, 우리의 행동을 이끌고 가는 중요한 원동력입니다. 신념이 확고한 사람은 어떤 어려움에도 굴하지 않고, 끊임없이 도전하고 성장합니다. 일하는 과정에서 이해관계자와의 협상/협력이 어려울 수도 있지만, 포기하지 않고 신념을 유지하는 것이 중요합니다.

일
잘
러
는

실
행
에

진
심
이
다

일잘러는 실행에 진심입니다. 실행에 대한 신념이 있어
야 합니다. 계획을 세우고 끝까지 추진하기 위해서는 결
심과 다짐이 필요합니다. 이러한 마음가짐이 있다면 외
부의 영향에 동요하지 않고 끝까지 일을 굳게 이어 나갈
수 있습니다.

포
기
하
지

않
는

신
념

어떤 일을 할 때 포기하지 않는 신념을 유지하는 것이
중요합니다. 일에 대한 열정이 100% 순수하면 무엇이든
이룰 수 있습니다. 진심으로 일에 헌신하며 본인의 행동
에 대한 확신을 가지고 포기하지 않으면, 어려움을 극복
하고 목표를 달성할 수 있습니다.

일잘러는 착하기 보다는 악한 편이다

일잘러는 미울 정도로 악합니다. 일의 진행을 위해서는 착하게 대하는 것보다는 요구사항을 명확히 제시하고 상호간에 협상하는 것이 중요합니다. 시간이 흐르면 문제는 사라지는 경우가 많기 때문에 자신의 입장을 고집할 필요는 없으며, 사실에 기반하여 상호간의 업무를 주고받으면 됩니다.

냉
정
하
고

이
기
적
인

행
동

착하게 사는 것은 중요하지만, 업무적인 실행에서는
조금 냉정하고 이기적인 행동이 서로에게 더 좋습니다.
  착하게 보이려고 이슈를 회피하거나 우회하는 것은 필
요하지 않습니다. 직설적으로 의견을 표현하고 공격적으
로 대처하면 오히려 일이 잘 해결될 수 있습니다.

변화를 느껴보세요. 그러면 더 많은 힘을 얻을 수 있습니다.

먼저, 목표를 작게 나누어 성취감을 느낄 수 있도록 해보세요. 큰 목표를 작은 부분으로 세분화하여 조금씩 성과를 내다보면 자신감을 키울 수 있습니다.

자
기
만
족
은

인
류
발
전

원
동
력

자기만족은 인류를 발전시키는 원동력입니다. 현대인에게도 만족감, 성취감은 개인뿐만 아니라 기업/조직을 성장시킵니다. 자기만족을 통해 자신감이 얻게 되면 더 높은 곳을 향해 도전할 힘이 생깁니다. 이런 식으로 지속해서 노력을 멈추지 않고 자아 존중감을 높이는 것은 자기 발전을 이루는 데 도움이 됩니다.

전
화
위
복
의

기
회

∶
부
작
용
을

이
겨
라

　어떤 일에는 좋은 점과 나쁜 점이 함께 존재할 수 있습
니다. 처음에 의도한 대로 진행되지 않고 예상치 못한 결
과를 얻을 수도 있습니다. 이러한 이유로 어떤 분야에서
든 보정하는 과정이 필요합니다. 보정은 원하는 결과를
더욱 정교하게 만들기 위한 마지막 처리 작업입니다.

보
정
하
면
서

더

좋
아
진
다

보정하는 과정을 통해 원하는 목표를 보다 효과적으로 달성할 수 있고, 예상치 못한 문제를 해결해 나갈 수 있습니다. 시행착오 통해 배우고 성장할 수 있으며, 더 나은 결과를 얻을 수 있습니다.

무
조
건

긍
정
을

취
하
라

어떤 일을 하면 계획과는 다른 변화가 자주 발생하며, 이에 따라 좋은 점과 나쁜 점이 생기게 됩니다. 이를 어떻게 잘 관리하는지가 개인의 성장에 영향을 줍니다. 계획된 결정과 실행으로 인해 발생하는 부작용에 대해서는 긍정적인 면을 취하고 부정적인 면을 최소화하는 것이 중요합니다.

이를 위한 가장 쉬운 방법은 기록하는 것입니다. 꼼꼼하게 기록해둔 내용은 미래의 자신에게 과거로의 시간여행을 선사하며, 잊고 있던 것을 다시 깨닫게 하는 효과를 가집니다.

논
리
적

사
고

:

산
수
를

해
라

정량적인 평가는 중요합니다. 어떤 일을 할 때 어려움에 부딪히는 것은 당연한 일입니다. 이럴 때는 검토하고 어떻게 대응할지 계획을 세워야 하는데, 자칫 해보지도 않고 감정에 휩쓸려 포기하는 경우가 많습니다. 이슈가 없어지면 리스크도 사라진다는 간단한 논리적인 접근으로 이슈부터 검토해야 합니다.

숫자는 확실하고 명료하다

숫자는 사람의 뇌를 혼란스럽게 하지 않고 명확하게 판단하게 합니다. 수학은 확실하고 명료합니다. 불확실한 것은 공식으로 정립되지 않으며, 우리가 알고 있는 수학의 공식과 원리는 충분히 검증되고 완벽하다고 믿고 사용할 수 있습니다. 데이터와 숫자 중심으로 이슈 현황을 분석하여 대응 방안을 마련해야 합니다.

장애물 돌파하기

무엇이든 난관은 있습니다. 다만 그것을 뛰어넘느냐의 문제일 뿐입니다. 그래서 돌파력이 필요한 것입니다. 큰 장벽 앞에서 어떻게 공략하여 뛰어넘을지, 돌파할지, 우회할지 고민해야 합니다. 이런 고민이 지속된다면 없었던 아이디어도 떠오르고 해결책이 마련됩니다.

실
패
를

두
려
워
하
지

마
라

실패를 두려워하지 말아야 합니다. 때때로 우리는 실패를 경험하며 원하지 않는 결과를 얻을 수도 있습니다. 이에 따라 마음이 상하고 기분이 다운되며, 어떤 경우에는 낙심하여 슬럼프에 빠질 수도 있습니다. 우리의 일상에서는 항상 성공만 있는 것이 아닙니다. 많은 실패를 겪었기 때문에 새로운 성공이 가능했던 것입니다. 지금도 실패와 성공을 경험하고 있습니다.

도
전
이

없
으
면

열
매
도

없
다

　　실패에 대해 두려워하지 말고, 최선을 다해 극복해야
합니다. 실패를 두려워하여 도전하지 않는다면 그것도
문제입니다. 또한 스스로 위축되어 성장이 없는 삶을 살
게 될 것입니다. 우리는 끝까지 노력하고 실패와 성공을
함께 경험하면서 성장해야 합니다. 일잘러는 실패 따윈
두려워하지 않는 행동가 입니다.

우수한 품질의 결과물을 얻어야 합니다. 또는 결과물을 재가공하여 좋은 입력으로 활용할 수 있도록 해야 합니다. 정품과 짝퉁은 외관상 구분하기 어렵지만, 시간이 지나면 내구성에 문제가 생깁니다. 따라서 양질의 피드백을 제공하여 시간이 지나도 문제가 없도록 유지하고, 부족한 부분을 개선해야 합니다.

싫
어
도

피
드
백

하
라

어떤 일을 할 때, 그 일이 끝나고 나면 평가를 받는 것
도 중요합니다. 또한 진행하면서 나오는 이야기도 잘 들
어야 합니다. 피드백은 자기 자신에게 할 수도 있으며,
타인에게 할 수도 있습니다. 이 모든 것은 선순환 구조를
위해 필요한 절차입니다.

목
표
에

집
중
해
서

맞
춰
라

앞에 있는 목표를 정확하게 맞추도록 해야 합니다. 조금씩 총구를 조정하며 점점 목표를 향해 맞춰야 합니다. 피드백은 이러한 부분을 제대로 수행할 수 있도록 도와주며, 항상 목표 지향적으로 행동할 수 있는 선순환 구조를 만들어 줍니다.

산
책
하
며

사
색
하
면

영
감
을

얻
는
다

진짜 공부는 산책하면서 하는 것입니다. 풀리지 않은 문제를 고민하면서 산책하다 보면, 손과 발이 움직이면서 뇌 기능도 활성화되어 좋은 아이디어가 생깁니다. 쉼을 통해 더 많은 생산성을 가져올 수 있습니다. 책상에 매몰되어 고민하다 보면 사고의 폭이 좁아집니다. 쉬면서 시야를 넓게 되면 평소에 생각치 못했던 인사이트를 느낄 수 있습니다.

완성도가 높은 제품을 원한다

어떻게해서 결과물이 나왔다고 하더라도 지속적인 좋은 결과를 얻는 노력을 해야 합니다. 모방은 비교적 쉽지만, 새로운 것을 만드는 것은 더 큰 노력이 필요합니다. 소비자는 완성도가 높은 제품에 비용을 지불합니다. 따라서 기본적인 수준으로 끝내는 것보다는 프리미엄 품질을 제공해야 합니다.

마
무
리
에

자
원
이

많
이

들
어
간
다

　학습 곡선을 보면, 어느 정도까지는 어려움 없이 배울 수 있습니다. 즉, 90%까지는 무난하게 배우고 알게 되지만 완벽하게 이해하거나 완전히 마무리하기 위해서는 마지막 10% 또는 5%의 고비를 넘어야 합니다. 이 구간에서는 투입된 시간과 노력이 의외로 많이 들어갑니다. 성질이 급하고 끈기가 없는 사람은 빠른 성과가 나타나지 않아 지쳐서 포기하게 되는 경우가 많습니다.

일
잘
러
는
　
반
복
하
여
　
습
관
화
한
다

　　일잘러는 반복적으로 수행하여 습관화합니다. 습관화
된 수행 능력은 자신의 역량을 향상시키는 핵심 요소입
니다. 한 번 혹은 두 번 어렵게 수행했다고 해서 만족하
지 않고, 하기 싫은 일도 반복적으로 수행하여 습관화하
면 일은 어렵게 느껴지지 않습니다.

부족한 부분을 만났다면 익숙해질 때까지 반복하는 것이 좋습니다. 반복을 통해 익숙해지면 더 나은 결과를 얻을 수 있습니다. 어려움을 겪는 것은 자연스러운 일이며, 그것을 극복하고 성장하기 위해서는 지속적인 노력과 반복이 필요합니다. 장점을 뚜렷하게 알고 있나요? 더욱더 강화하는 것이 좋습니다. 단점을 개선하는 것보다 더 중요합니다.

끝
까
지

해
보
면

안
다

끝까지 해보세요.

다른 사람의 의견에 상관없이 시도해보세요. 그리고 그 과정에서 어떤 성과를 얻었는지 평가해보세요. 평가가 없다면 성과도 없다는 것을 명심해야 합니다.

철저히 반성하고 개선하라

보완 작업을 통해 개선하기 위해서는 목표를 명확히 정해야 합니다. 신세 한탄은 피드백이 아닙니다. 부정적인 생각이 들 수도 있지만, 그럼에도 불구하고 긍정적인 마인드를 유지하는 것이 중요합니다. 결국 성공한 사람과 성취한 사람은 모두 긍정적인 사고를 갖고 있습니다.

변 화 하 는 모 습 은 신 뢰 를 형 성 한 다

신뢰는 변화하는 모습을 통해 확인될 수 있습니다. 자신에 대한 신뢰는 자신감으로 나타나며, 타인에게 신뢰를 주기 위해서는 변화된 삶의 모습이나 업무 성과를 보여 주어야 합니다.

끝까지 독해져라

보완 작업은 대충 해서는 안 됩니다. 냉정하고 냉철하게 자기를 반성하고, 개선에 대한 강한 의지를 가져야 합니다. 단호하고 빠르게 보완해야 합니다.

축
하
하
고

감
사
하
라

힘을 축적해야 합니다. 성과가 좋게 나타난 부분은 축하하고 감사의 마음을 표현하는 것이 좋습니다. 수행한 과제에서 부족한 부분만을 강조하는 것이 아니라 충분히 성과가 있는 부분도 같이 나누어야 합니다. 부족한 점을 찾아 개선하는 노력만 하지 말고, 잘한 부분을 인정하고 이해관계자와 공유하는 것이 중요합니다.

목
표
와
　
방
향
성
을
　
명
확
하
게
　
설
정

　　보완할 때는 목표와 방향성을 명확하게 설정해야 합
니다. 어떤 부분을 보완하고자 하는지 명확히 인식하고,
그에 따른 계획과 실행 전략을 세워야 합니다. 목표를
향해 지속적으로 노력하고, 보완을 위한 적절한 시간과
노력을 투자해야 좋은 결과를 얻을 수 있습니다.

사
람

눈
치

보
지

마
라

매일 반복되는 직장생활에서 아무도 도와주지 않을 것 같고, 일은 계속 쌓여가고, 실수하지 않을까 확인 또 확인하는 모습, 무엇을 먼저 해야 할지 몰라서 고민하는 등 너무나 많은 걱정으로 한 발짝도 못 움직이고 있습니다. 이 사람, 저 사람 눈치를 보는 사회적 두려움에서 빠져나오고, 떨쳐 버리고 자신감을 회복하길 바랍니다.

업
무
는

현
실
이
다

업무도 마찬가지입니다. 수많은 매뉴얼을 어떻게 이해
하고, 모르는 용어가 태반인데 언제 사수(고참)처럼 할
수 있을까? 고민하고 또한 일을 배우면서 일 못한다는
이해 못한다는 핀잔을 듣다 보면 심각한 현타가 옵니다.
이러다 보면 현실에서 도피하고자 하는 마음이 들기도
합니다.

씨를 뿌려야 새싹이 나온다

누가 뭐라고 하든 밀고 나가야 합니다. 일할 수 있고, 비록 가다가 되돌아오더라도 지속해서 전진해야 합니다. 무조건적인 인내를 요구하지 않지만, 씨를 뿌리고 발아되어 싹이 나올 때까지는 절대적인 시간이 필요합니다.

남
의

시
선
을

인
식
하
지

마
라

하나만 기억하세요. 남들은 오로지 자기들 자신에게만 관심이 있어서 당신의 일에 관심이 없다는 것입니다. 참으로 억울 하지만, 반대로 생각해 보면 내가 무슨 실수를 저질러도 큰 걱정을 하지 않아도 된다는 뜻입니다. 설령 진행하다가 포기하더라도 창피한 일이 아니라는 것입니다. 막연한 두려움, 타인의 시선을 의식하지 마세요.

빠르게 처리하라

부자는 더욱 부자가 되고 가난한 사람은 더욱 가난해지는 이상한 순환 고리를 이제는 끊어야 합니다. 힘(P)은 무게(W)에 속도(S)를 곱한 것입니다. 무게가 작더라도 속도감이 있으면 파괴력이 크다는 뜻이죠. 즉, 속도감이 중요합니다. 다른 사람보다 먼저 시작하고 더 빠르게 처리하면 됩니다.

오
늘
부
터

1
일

오늘부터 1일입니다. 실천을 통해 문제를 과감히 돌파

하고 해결하는 실행력을 갖추길 응원합니다.

나도 일잘러

초판 1쇄 발행 | 2024년 3월 7일

지은이 | 이봉우
펴낸이 | 김지연
펴낸곳 | 마음세상

출판등록 | 제406-2011-000024호 (2011년 3월 7일)

ISBN | 979-11-5636-612-6 (03190)

ⓒ이봉우

원고투고 | maumsesang2@nate.com
블로그 | blog/naver.com/maumsesang
　　　블로그에서 공동저서 프로젝트 등 다양한 정보를 확인하실 수 있습니다.

* 값 16,800원